거인과 꼬마

Selfish Giant

오스카 와일드 지음

정지흥 옮김 / 박아영 그림

하늘사다리

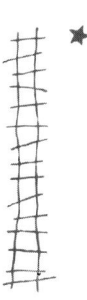

HANULSADARI PUBLISHING HOUSE

하늘사다리는 이 땅에 하나님 나라의 확장을 위해
존재하며 천국의 소망을 이어주는 가교의 역할을 하고자 합니다.
주님 오실 그날까지 하늘사다리는 주님을 외칠 것입니다.

거인과 꼬마

프롤로그

자기 자신 밖에 모르던 이기적이고 못된 거인의 모습을 보면서
마치 내가 거울을 보고 있는 것과 같았습니다.
거인의 모습은 거울에 비친 나의 모습이었습니다.
나만의 기쁨을 위해 울타리를 치고, 남들의 상하고 시린 가슴은 아랑곳하지
않으며, 나 홀로 잘되기 위해 담을 자꾸만 자꾸만 높이 쌓아갔습니다.
'사랑'은 분명 주는 행복이 더 큰 것임을 익히 알고 있으면서도
받는 것에만 급급해 있는 안타까운 나의 모습.
바로 자기만 알던 거인의 모습이었습니다.
그 모습에는 더이상 따스한 봄도, 꽃들의 아름다움도,
감미로운 새들의 노래소리도 존재할 수가 없었습니다.
단지 춥고, 삭막하고, 휑하고, 덩그라니 남아있는
쓸쓸함만이 있었습니다.
더이상 이런 모습으로 살지 않으렵니다.
사랑의 상처가 있다하더라도
사랑의 감격에 겨워 소리칠 수 밖에 없는 모습으로 살고 싶습니다.
거인이 사랑을 배운 것처럼, 나도.

1996. 6월
나밖에 몰랐던 정지흥 씀

매일같이 오후가 되면,
어린아이들은 학교에서 돌아오는 길에
거인의 정원에 들러서 놀았습니다.

Every afternoon, as they were coming from school,
the children used to go and play the Giant's garden.

거인의 정원은 부드럽고 초록빛의 잔디가 있는
커다랗고 아름다운 곳이었습니다.
잔디 위에는 하늘의 별처럼 아름다운 꽃들이
여기 저기에 피어 있었습니다.

It was a large lovely garden, with soft green grass.

Here and there over the grass stood beautiful flowers like stars,

또 열 두 그루의 복숭아나무도 있었는데
봄이 되면 분홍색과 진주빛을 띠는
예쁜 꽃들이 피었고,
가을이면 풍성한 열매가 열렸습니다.

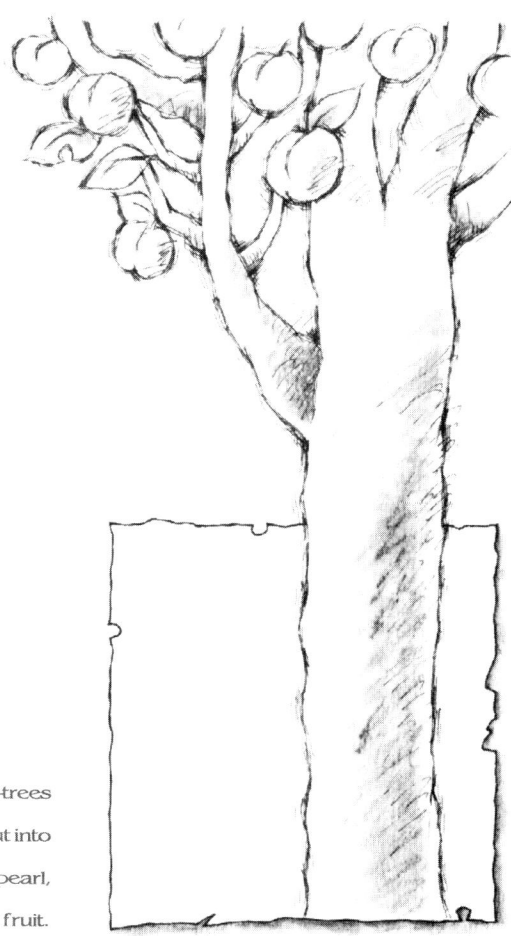

and there were twelve peach-trees
that in the springtime broke out into
delicate blossoms of pink and pearl,
and in the autumn bore rich fruit.

11

새들이 나무에 앉아 너무도 감미롭게 노래를 하는 바람에
어린아이들은 놀기를 멈추고 그 노래 소리를 듣곤 했습니다.

The birds sat on the trees and sang so sweetly that the
children used to stop their games to listen to them.

어린아이들은
"이곳에 있으니까 정말 행복해" 하며
서로 이야기했습니다.

"How happy we are here!"
they cried to each other.

어느 날 거인이 돌아왔습니다.
그는 콘월지방에 사는 친구를 찾아가 7년을 함께 보냈습니다.
7년이 지나자 거인은 할 이야기가 더 이상 없었습니다.
그래서 집으로 돌아가기로 결심했습니다.

One day the Giant came back.

He had been to visit his friend the Cornish ogre,

and had stayed with him for seven years.

After the seven years were over he had said all that he had to say,

for his conversation was limited,

and he determined to return to his own castle.

거인이 돌아와보니
어린아이들이 정원에서 놀고 있었습니다.
"너희들 여기서 무얼 하는 거야?"
거인은 거칠게 소리쳤습니다.
그러자 어린아이들은 모두 달아났습니다.

When he arrived he saw the children playing
in the garden.
"What are you doing here?"
he cried in a very gruff voice,
and the children ran away.

거인은 "정원은 내 것이야 내 것!,
나 이외에는 어느 누구도 여기서 놀아서는 안돼." 하고
말했습니다.

"My own garden is my own garden!" said the Giant.
"Any one can understand that, and I will allow nobody
to play in it but myself."

그리고 나서 거인은 정원을 빙 둘러서 높다란 담을 쌓았습니다.

그리고 '불법 침입자는 고발하겠음' 이라는 팻말을 써 붙였습니다.

그는 정말이지 자기만 아는 거인이었습니다.

So he built a high wall all around it, and put up a notice-board;

TRESPASSERS WILL BE PROSECUTED

He was a very selfish giant.

가엾은 어린아이들은 이제 더 이상 놀 곳이 없었습니다.
길에서 놀아 보았지만 길가는 먼지가 아주 많고
단단한 돌투성이 뿐이어서 좋지가 않았습니다.

The poor children had now nowhere to play.

They tried to play on the road, but the road was very dusty and

full of hard stones, and they did not like it.

어린아이들은 공부가 끝나면 높다란 담 주위를 빙빙 돌며
아름다운 정원 이야기를 하곤 했습니다.
"저곳에서 놀 때는 참 좋았는데" 하면서.

They used to wander round the high wall when their lessons were

over, and talk about the beautiful garden inside.

'How happy we were there!' they said to each other.

어느덧 봄이 왔습니다.
작은 꽃들과 새들이 온 마을에 가득했습니다.

Then the Spring came, and all over the country
there were little blossoms and little birds.

그러나 자기만 아는 거인의 정원은 여전히 겨울이었습니다.
새들도 어린아이들이 없는 정원에서는 노래할 마음이 없었고
나무들도 꽃 피우는 것을 잊었습니다.

Only in the garden of the Selfish Giant it was still winter.

The birds did not care to sing in it, as there were no

children, and the trees forgot to blossom.

한번은 예쁜 꽃이 잔디 사이로 머리를 빼꼼이 내밀었다가
팻말을 보고는 어린아이들을 퍽 가엾게 생각하면서
다시 땅 속으로 들어가 잠을 잤습니다.

Once a beautiful flower put its head out from the grass,

but when it saw the notice-board it was so sorry for the children

that it slipped back into the ground again, and went off to sleep.

겨울을 좋아하는 것은 오직 눈과 서리 뿐이었습니다.
"봄이 이 정원을 잊어버렸군.
이제 우리가 여기서 일년 내내 살아야지" 하고
소리쳤습니다.

The only people who were pleased were the Snow and the Frost.

"Spring has forgotten this garden,"

they cried, "so we will live here all the year round."

눈은 그의 커다랗고 하얀 외투로 잔디를 덮었고
서리는 모든 나무를 은빛으로 칠했습니다.

The Snow covered up the grass with her great white cloak,

and the Frost painted all the trees silver.

그런 다음 눈과 서리는 북녘바람을 초대해
함께 지내자고 했습니다.

북녘바람이 왔습니다.
북녘바람은 모피를 둘러입고는 하루 종일 정원에서 으르렁대고
굴뚝 뚜껑도 날려 버렸습니다.

Then they invited the North Wind to stay with them,

and he came. He was wrapped in furs, and he roared all day

about the garden, and blew the chimney-pots down.

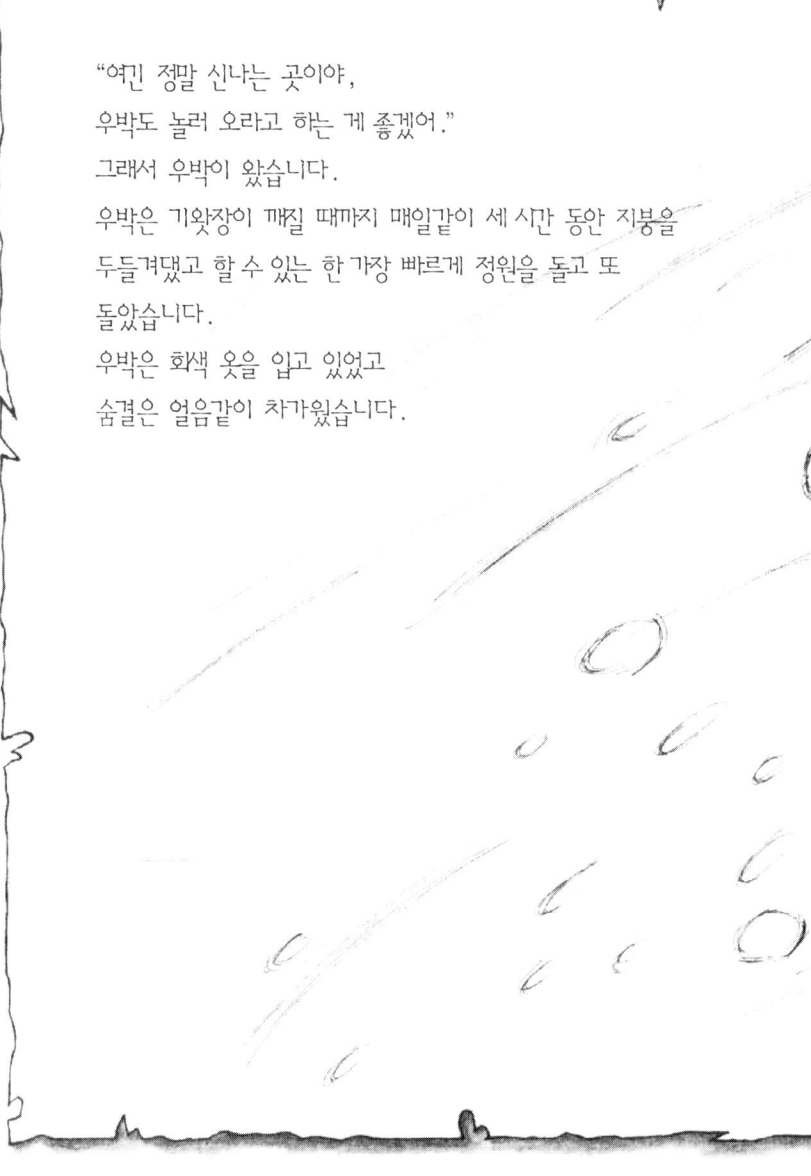

"여긴 정말 신나는 곳이야,
우박도 놀러 오라고 하는 게 좋겠어."
그래서 우박이 왔습니다.
우박은 기왓장이 깨질 때까지 매일같이 세 시간 동안 지붕을
두들겨댔고 할 수 있는 한 가장 빠르게 정원을 돌고 또
돌았습니다.
우박은 회색 옷을 입고 있었고
숨결은 얼음같이 차가웠습니다.

"This is a delightful spot," he said; "we must ask the Hail on a visit."

So the Hail came. Every day for three hours he rattled on the roof of the castle till he broke most of the slates, and then he ran round and round the garden as fast as he could go. He was dressed in grey, and his breath was like ice.

"왜 이리 봄이 늦는 거야, 도무지 알 수가 없군."
자기만 아는 거인은 창가에 앉아
춥고 하얗게 덮인 정원을 바라보며 말했습니다.
"날씨가 좀 바뀌면 좋으련만"

"I cannot understand why the Spring is so late in coming," said the Selfish Giant, as he sat at the window and lookde out at his cold white garden; "I hope there will be a change in the weather."

그러나 봄도 여름도 결코 오지 않았습니다.
가을은 모든 정원에 황금빛 과일을 주었지만
거인의 정원에는 아무 것도 주질 않았습니다.
"그 거인은 너무 자기밖에 몰라"

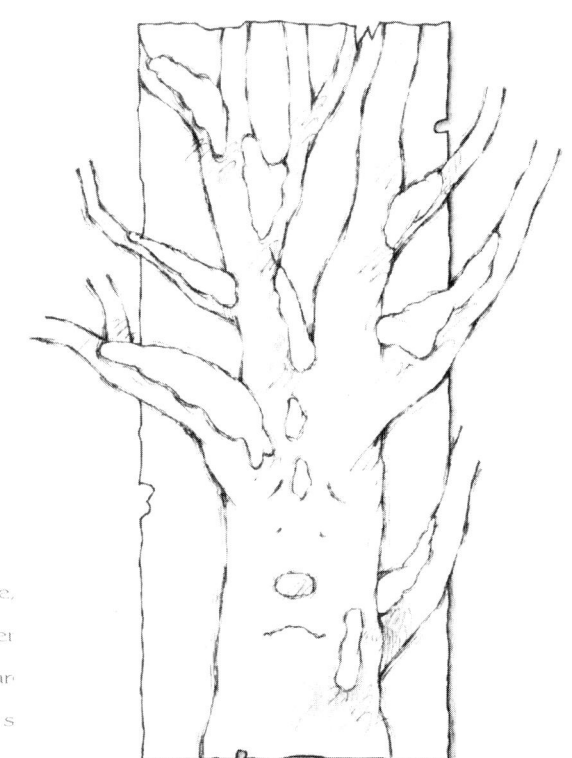

But the Spring never came,
Summer. The Autumn gave golder
every garden, but to the Giant's gar
gave none. 'He is too selfish,' s

그래서 거인의 정원은 항상 겨울이었습니다.
북녘바람과 우박 그리고 서리와 눈들만이 나무들 사이를 지나며
춤을 추었습니다.

So it was always Winter there, and the North Wind, and the Hail,

and the Frost, and the Snow danced about through the trees.

어느 날 아침이었습니다.
거인이 잠에서 깨어 침대에 누워 있는데
아름다운 음악 소리가 들리는 것이었습니다.
그 소리가 어찌나 아름다운지 거인은 분명히 임금님의 음악대가
지나가고 있을 것이라고 생각했습니다.

One morning the Giant was lying awake in bed when he heard some lovely music. It sounded so sweet to his ears that he thought it must be the King's musicians passing by.

사실은 작은 방울새가 거인의 창 밖에서
노래를 할 뿐이었습니다.
그러나 거인은 자기의 정원에서 새의 노래를 들어본 지가 무척
오래 되었기 때문에
그 소리가 세상에서 가장 아름다운 음악 같았습니다.

It was really only a little linnet singing
outside his window, but it was so long since
he had heard a bird sing in his garden that it
seemed to him to be the most beautiful
music in the world.

그러자 우박이 거인의 머리 위에서 춤추기를 멈추었고
북녘바람도 더이상 으르렁대지 않았고
열린 창문 사이로 매우 좋은 향기가 흘러 들어왔습니다.

Then the Hail stopped dancing over his head,

and the North Wind ceased roaring, and a delicious perfume

came to him through the open casement.

"드디어 봄이 온거야" 하며
거인은 침대에서 벌떡 일어나 밖을 내다보았습니다.
거인은 무엇을 보았을까요?

"I believe the Spring has come at last," said the
Giant, and he jumped out of bed and looked out.
What did he see?

그가 본 것은 굉장히 놀라운 광경이었습니다.
어린아이들이 담에 뚫린 작은 구멍으로 살금살금 기어 들어와서는
나무들의 가지 위에 올라 앉는 것이었습니다.

모든 나무 위에 어린아이들이 올라가 있는 것을 볼 수 있었습니다.
나무들은 어린아이들이 다시 돌아와 기뻐했고 꽃을 피게 했으며
어린아이들 머리 위로 가지를 부드럽게 흔들어 주고 있었습니다.
새들도 날아다니며 즐겁게 재잘거렸고,
꽃들도 잔디 사이로 쳐다보며 웃고 있었습니다.

He saw a most wonderful sight. Through a little hole in the wall the children
had crept in, and they were sitting in the branches of the trees. In every tree
that he could see, there was a little child. And the trees were so glad to have
the children back again that they had covered
themselves with blossom, and
were waving their arms gently
above the children's heads. The
birds were flying about and
twittering with delight, and the
flowers were looking up through
the green grass and laughing.

정말 아름답고 사랑스런 장면이었습니다.
그러나 정원 한쪽 구석은 아직도 겨울이었습니다.
그 곳엔 작은 꼬마가 서 있었습니다.
꼬마는 키가 아주 작아서 나무에 손이 닿질 않았습니다.
작은 꼬마는 나무 주위를 돌며 서럽게 울고 있었습니다.

It was a lovely scene, only in one
corner it was still Winter. It was the
farthest corner of the garden, and in it
was standing a little boy. He was so
small that he could not reach up to
the branches of the tree, and he was
andering all round it, crying itterly.

북녘바람이 무섭게 불며 으르렁대고 있었습니다.
"꼬마야, 올라와!" 하며 나무는 굽힐 수 있는 데까지
가지를 아래로 내려보았습니다.
하지만 꼬마는 너무도 작았습니다.

tree was still quite covered with frost and snow, and the
nd was blowing and roaring above it. 'Climb up! little
l the tree, and it bent its branches down as it could;
oy was too tiny.

그것을 본 거인은 마음이 아팠습니다.
"나는 진짜 지금까지 나밖에 몰랐었군,
이제야 봄이 오질 않는 이유를 알겠어.
저 불쌍한 꼬마를 나무 꼭대기에 올려 줘야지.
그리고 저 담도 부수고 내 정원이 영원히
어린아이들의 놀이터가 되도록 할 테야."
거인은 정말로 자신이 한 일을 뉘우쳤습니다.

And the Giant's heart melted as he looked out. "How selfish I have been!" he said; "now I know why the Spring would not come here. I will put that poor little boy on the top of the tree, and then I will knock down the wall, and my garden shall be the children's playground for ever and ever." He was really very sorry for what he had done.

거인은 살며시 아래층으로 내려가
현관문을 살짝 열고는 정원으로 나갔습니다.
그러나 어린아이들은 거인을 보자 깜짝 놀라며
모두 도망가 버렸고 정원은 다시 겨울이 되었습니다.

So he crept down-stairs and opened the front door quite softly, and went out into the garden. But when the children saw him they were so frightened that they all ran away, and the garden became Winter again.

내마음 알아줘

작은 꼬마만이 달아나지 않았습니다.
눈에 눈물이 가득 고여서 거인이 오는 것을 보지 못했기 때문입니다.

Only the little boy did not run, for his eyes were so full of

tears that he did not see the Giant coming.

거인은 꼬마 뒤로 성큼성큼 걸어가서
꼬마를 살며시 안아 나무로 올려 주었습니다.
그러자 즉시 나무에는 꽃이 피었고
새들도 날아와 노래를 부르는 것이었습니다.

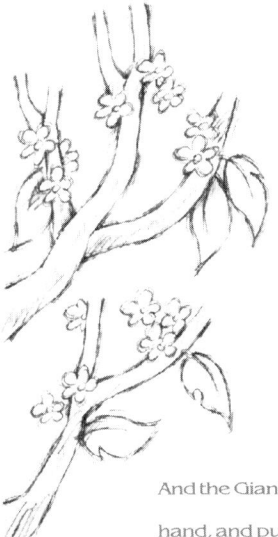

And the Giant strode up behind him and took him gently in his
hand, and put him up into the tree. The tree broke at once into
blossom, and the birds came and sang on it.

그리고 작은 꼬마는 자기의 두 팔을 뻗어 거인의 목을
끌어안고는 뽀뽀를 했습니다.

And the little boy stretched out his two arms and flung
them around the Giant's neck, and kissed him.

이것을 본 다른 아이들도 더 이상 거인이 나쁜 사람이 아니라는 것을
알고는 돌아왔습니다. 그러자 봄도 함께 왔습니다.
"이제 이곳은 너희들 것이야, 애들아." 하며
거인은 커다란 도끼로 담을 부숴 버렸습니다.

And the other children, when they saw that the Giant was not
wicked ant longer, came running back; and with them came
the Spring. 'It is your garden now, little children,' said the Giant,
and he took a great axe and knocked down the wall.

그리고 12시에 시장을 가던 사람들은
생전 처음 보는 가장 아름다운 정원에서
거인이 어린아이들과 함께 노는 것을 보았습니다.

And when the people were going to market at twelve
o'clock they found the Giant playing with the children in the
most beautiful garden they had ever seen.

하루 종일 어린아이들은 놀았고
저녁에는 거인에게 와서
"안녕" 하고 인사를 했습니다.

All day long they played, and in the evening

they came to the Giant to bid him good-bye.

"그런데 말야 그 꼬마 친구는 어디 있지?
내가 나무 위에 올려 준 아이 말이야?"
거인은 그 꼬마를 제일 사랑했습니다.
자기에게 뽀뽀를 해 주었기 때문입니다.
"우리는 몰라요, 그 아이는 갔어요." 하고 어린아이들이 대답했습니다.

"But where is your little companion?" he said, "the boy I into the tree."

"The Giant loved him the best because he had kissed him. "We don't
know," answered the children. "He has gone away."

"너희들 그 애한테 내일은 꼭 놀러 오라고 전해 다오."
그러나 어린아이들은 그 꼬마가 어디에 사는지 모르고
처음 보는 아이라고 말했습니다. 그러자 거인은 몹시 슬펐습니다.

'You must tell him to be sure and come here
tomorrow,' said the Giant. But the children said that
they did not know where he lived, and had never seen
him before; and the Giant felt very sad.

매일 오후가 되면 학교를 마친 어린아이들은
정원에 와서 거인과 놀았습니다.
그러나 거인이 사랑하는 꼬마는 다시 볼 수가 없었습니다.

Every afternoon when school was over, the children

came and played with the Giant. But the little boy

whom the Giant loved was never seen again.

거인은 어린아이들 모두에게 친절했습니다.

하지만 그의 첫 번째 친구인 작은 꼬마가 보고 싶어

가끔씩 "그 꼬마가 참 보고 싶구나." 하고 말하곤 했습니다.

The Giant was very kind to all the children, yet he longed for his first little friend, and often spoke of him. "How I would like to see him!" he used to say.

세월이 흘러 거인은 아주 늙고 쇠약해졌습니다.
이제는 어린아이들과 함께 놀 수도 없어서 커다란 안락 의자에 앉아
정원에서 노는 아이들을 흐뭇하게 바라보았습니다.
    "내게는 아름다운 꽃들이 많지,
       그 중에서도 어린아이들이 가장 아름다운 꽃들이야."

Years went over, and the Giant grew very old and feeble. He could not play about any more, so he sat in a huge arm-chair, and watched the children at their games, and admired his garden. "I have many beautiful flowers," he said; "but the children are the most beautiful flowers of all."

어느 겨울 아침 거인은 옷을 입으면서 창 밖을 내다보았습니다.
이제는 겨울이 싫지 않았습니다. 겨울에는 단지 봄이 잠을 자고
꽃들은 쉬고 있다는 알기 때문입니다.

One winter morning he look out of his window as he was

dressing. He did not hate the Winter now, for he knew that it

was merely Spring asleep, and that the flowers were resting.

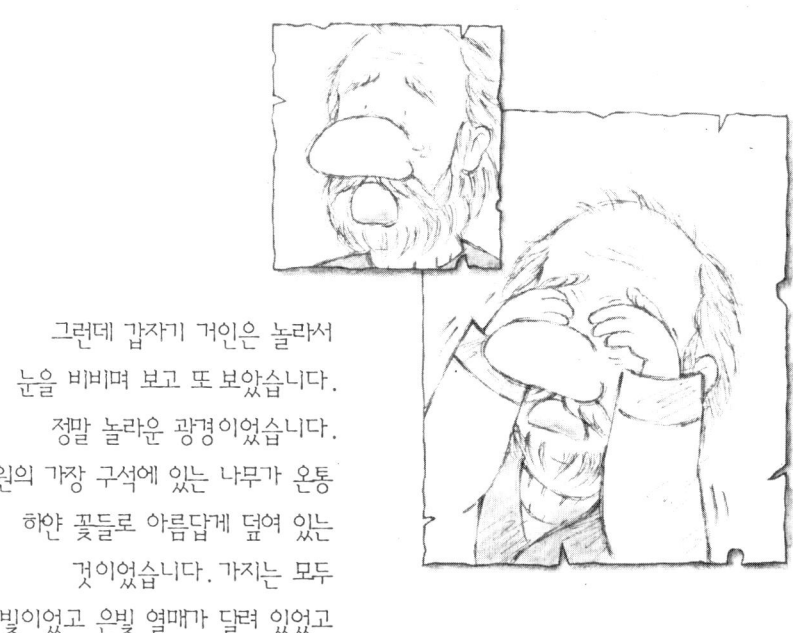

그런데 갑자기 거인은 놀라서
눈을 비비며 보고 또 보았습니다.
정말 놀라운 광경이었습니다.
정원의 가장 구석에 있는 나무가 온통
하얀 꽃들로 아름답게 덮여 있는
것이었습니다. 가지는 모두
금빛이었고 은빛 열매가 달려 있었고
그 아래로 거인이 그토록 사랑했던 꼬마가 서 있는 것이었습니다.

Suddenly he rubbed his eyes in wonder, and looked and looked.
It certainly was a marvellous sight. In the farthest corner of the
garden was a tree quite covered with lovely white blossom. Its
branches were all golden, and silver fruit hung down from them,
and underneath it stood the little boy he had loved.

거인은 너무도 기뻐 아래층으로 뛰어내려가 문을 박차고 나갔습니다.
정원을 바삐 가로지르며 그 꼬마 곁으로 갔습니다.

Down-stairs ran the Giant in great joy, and out into the garden.
He hastened across, and came near to the child.

거인은 꼬마 가까이에 가서 "아니, 네 손과 발에 웬 상처냐?" 하며
화가 나서 얼굴이 빨개지며 말했습니다.
꼬마의 손바닥에는 두 개의 못자국이 있었고
그 작은 발에도 두 개의 못자국이 있었기 때문입니다.

And when he came quite close his face grew red with anger,
and he said, "Who hath dared to wound thee?" For on the
palms of the child's hands were the prints of two nails, and
the prints of two nails on the little feet.

"누가 감히 너에게 상처를 냈니? 말해 보렴, 내가 그 놈을 큰 칼로 없애 버릴 터다." 하며 거인은 소리쳤습니다.

"Who hath dared to wound thee?" cried the Giant.
"Tell me, that I may take my big sword and slay him."

"그런 게 아니에요, 이것은 사랑의 상처예요."

'Nay!' answered the child; 'but these are
the wounds of Love.'

이상하게도 거인은 꼬마에게 경외감을 갖게 되었습니다.
그래서 "당신은 누구시지요?" 하며 무릎을 꿇었습니다.

"Who are thou?" said the Giant, and a strange awe fell
on him, and he knelt before the little child.

꼬마는 거인에게 미소를 지으며 말했습니다.
"당신은 언젠가 한번 저에게 당신 정원에게 놀 수 있도록 해 주었지요,
오늘은 당신을 내 정원으로 모시고 가겠어요.
그 곳은 천국이랍니다."

And the child smiled on the Giant, and said to him,

"You let me play once in your garden; today you shall

come with me to my garden, which is Paradise."

No

No행복한 왕자

그날 오후 어린아이들이 달려왔을 때,
아이들은 거인이 나무 아래에 숨겨 누워 있는 것을 보았습니다.

And when the children ran in that

afternoon, they found the Giant lying

dead under the tree,

all covered with white blossoms.

...하얀 꽃에 묻힌 채.

...all covered with white blossoms.

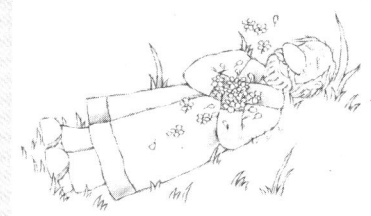

꿈이 있는 그림묵상 시리즈

사랑할 수 있을 때 힘껏 사랑하세요

정지홍 지음/6,000원

이젠 머뭇거릴 시간이 없습니다. 사랑하기에도 너무 짧은 시간이기에 사랑하는 이에게 말 한마디 못하고 스쳐 지나갈 수 있습니다. 어느새 의무가 되어 버린 사랑의 권리를 행사하기 위하여 사랑할 수 있을 때 힘껏 사랑하세요. 지금 나만의 공간에 보석처럼 간직할 아름답고 순수한 사랑을 가꾸세요.

"사랑해요"라고 말하세요

정지홍 지음/6,000원

"사랑해요"라고 말하세요. 이 짧은 말 한마디가 온세상을 행복하게 한답니다. 이 말은 매우 값진 말입니다. 바라볼수록 사랑하게 만듭니다. 어제 보았는데 오늘 또 보고 싶습니다. 아마 사랑은 보고 싶은 것인가 봅니다. 우리 청소년들이 아름답고 순수한 사랑을 만들고 간직하며 살아가기 위해 오늘 "사랑해요"라고 말하세요.

사랑이 살아가는 이유였습니다

톨스토이 지음/6,000원

인간에게는 다만 자신의 일만을 생각하면서 살아가고 있는 것처럼 여겨질 뿐이지만 실제로 인간은 오직 사랑의 힘에 의해 살아가고 있음을 깨달은 거예요. 왜냐하면 하나님은 사랑이시기 때문입니다. 사랑의 마음으로 가득차 있는 사람은 하나님의 세계에 살고 있는 셈이며 하나님은 그 사람 속에 계십니다.

거인과 꼬마

오스카 와일드 지음/5,000원

자기만 아는 거인과 꼬마의 아름다운 사랑을 통하여 우리는 많은 것을 배울 수 있습니다. 바로 사랑은 받는 것보다 주는 행복이 더 큰 것이라는 소중한 아름다움을 말입니다. 이웃에게, 옆 친구에게, 사랑하는 이에게 사랑을 보내세요. 사랑은 분명 주는 행복이 더 큰 것입니다.

Praise 1, 2

'예배는 곧 삶'이 되어야 하는 까닭에
참된 예배자로서 하나님을 찬양해야 하며
황폐화된 이 땅을 하나님 나라로의 회복과 주님의 주권 회복을 위해
하나님을 찬양해야 한다.
프레이즈는 청년과 청소년들을 위해
그들에게 맞는 곡들을 엄선하여 모은 찬양곡집이다.

프레이즈 1, 2
각권 3,500원

이 책의 특징

Chapter 1 : 새노래
새노래를 따로 분류함으로써 배움과 나눔에 있어서 효율성을 기했습니다.
그리고 각각의 새노래는 진행되는 차례와 주제에 맞게끔 재분류하였습니다.

Chapter 2 : BEST SONG
많이 드려질 수 있는 찬양을 따로 분류하여 찬양 예배시 곡선정에 도움이
되도록 했습니다.

Chapter 3 : 경배와 찬양
예배에 중심이 되는 찬양을 주제별로 구분하였습니다. 구분은 **경배와 찬양,
간구, 감사, 기쁨, 헌신과 위탁, 구원, 선포와 명령, 선교와 전도, 치유와
회복, 영적전쟁과 승리** 등으로 되어 있어 예배 성격과 흐름에 맞는 곡 선정에
도움이 되도록 했습니다.

Chapter 4 : 축복과 평안
교제와 축복, 그리고 평안과 화합을 위한 찬양들을 따로 분류하여 회중들 간에
교제에 도움이 되도록 했습니다.

Chapter 5 : 특별찬양
특송과 발표를 위한 곡들을 선정하여 분류했습니다.

입술의 열매 1·2

우리의 입술로 아름다운 세상을 만들자!

지치고 방황하는 모든사람들에게
따뜻한 말, 위로의 말, 사랑의 말이 필요하다.
그들에게 힘과 용기를 주고 비전을 품을 수 있는
긍정적인 말을 들려주자!
이 시대의 절망이 사라지고 희망을 부르는 격려
와 칭찬의 말을 건네자!

입술의 열매/꿈이 많은 사람/각권 6,000원

순종의 열매 1·2

순종은 하나님께 나아가는 지름길!

자녀가 부모의 말씀에 순종해야 하듯이
그리스도인은 하나님의 말씀에 순종해야 한다.
어렵고 힘들 때마다 하나님은
우리에게 말씀을 주시고
말씀에 순종하기를 원하신다.
우리 그리스도인들이 부모님께, 이웃에게,
하나님께 순종하며 살아갈 때
우리 사회는 분명 아름다운 사회가 될 것이다.

순종의 열매/꿈이 많은 사람/각권 6,800원

Oscar Wilde
THE SELFISH GIANT
Translated by Ji-Hong Jung
Illustrated by Ah-Young Park
ⓒ1996 HANULSADARI SEOUL KOREA

거인과 꼬마

지은이 ■ 오스카 와일드 옮긴이 ■ 정지홍 그림 ■ 박아영
펴낸이 ■ 이원우 초판 1쇄 펴낸날 ■ 1996년 6월 25일 초판 2쇄 펴낸날 ■ 1999년 3월 30일
펴낸곳 ■ 하늘사다리(등록번호 제 10-1710호)
　　　　　서울시 마포구 합정동 386-12 정은 B/D 202호 전화/3142-6618 팩스/3142-6619
공급처 ■ (주)기독교출판유통 전화/(0344)906-9191 팩스/080-456-2580

ⓒ 1996 하늘사다리 ISBN 89-86367-12-2 03230 값 5,000원

* 이 책의 한국어판 저작권은 하늘사다리에 있습니다.
* 잘못 만들어진 책은 바꾸어 드립니다. Printed in Korea